Mit dir geh ich ins Land der Riesen

Gedichte und Gedanken von Sonja Winzer

Copyright © by Sonja Martina Winzer, Böblingen
Alle Rechte für Bild und Text vorbehalten.
Texte und Satz: Sonja Winzer
Illustration: Sonja Winzer und Julia Naemi Winzer
IT-Organisation: Uwe Sautter
Druck: Druckerei Mack GmbH, Schönaich

Printed in Germany 2005

ISBN 3-9810526-0-9

Am Jakobsbrunnen

Ich bin die Frau vom Jakobsbrunnen

und komme erst mein Wasser holen,
wenn alle längst in ihren Häusern sind.

Doch einer lässt sich Wasser schöpfen,
von mir, der Ausgestoßenen.

Und er, mein Mächtiger, mein König,
vor dem sich alle Welt verbeugt,

er neigt sich ausgerechnet mir,
in seiner väterlichen Liebe
unendlich zart und heilend zu.

Das schwarze Nichts

Ich war ein sterbender Komet,
der haltlos seine Umlaufbahn verlor
und in den Sog des schwarzen Nichts geriet.

Ein heller Stern,
mit sonderbarem Licht,
zog mich zurück in seine Bahnen.

Nun zieh ich glücklich meine Runden,
weil Jesus meine Mitte ist.

Schärfer als ein Dolch

Die Unversöhnlichkeit
ist schärfer als ein Dolch,
der seine Bitternis
ins Fleisch des Nächsten gräbt.

Sie ist die Hand,
die immer wieder zusticht
und sich mehrfach rächt.

Sie sticht voraus in zukünftige Leben.

Und macht sich gleichsam schuldig
an den schuldlosen Verwandten,
die sich der Fehler ihrer Väter
lange schon bekannten.

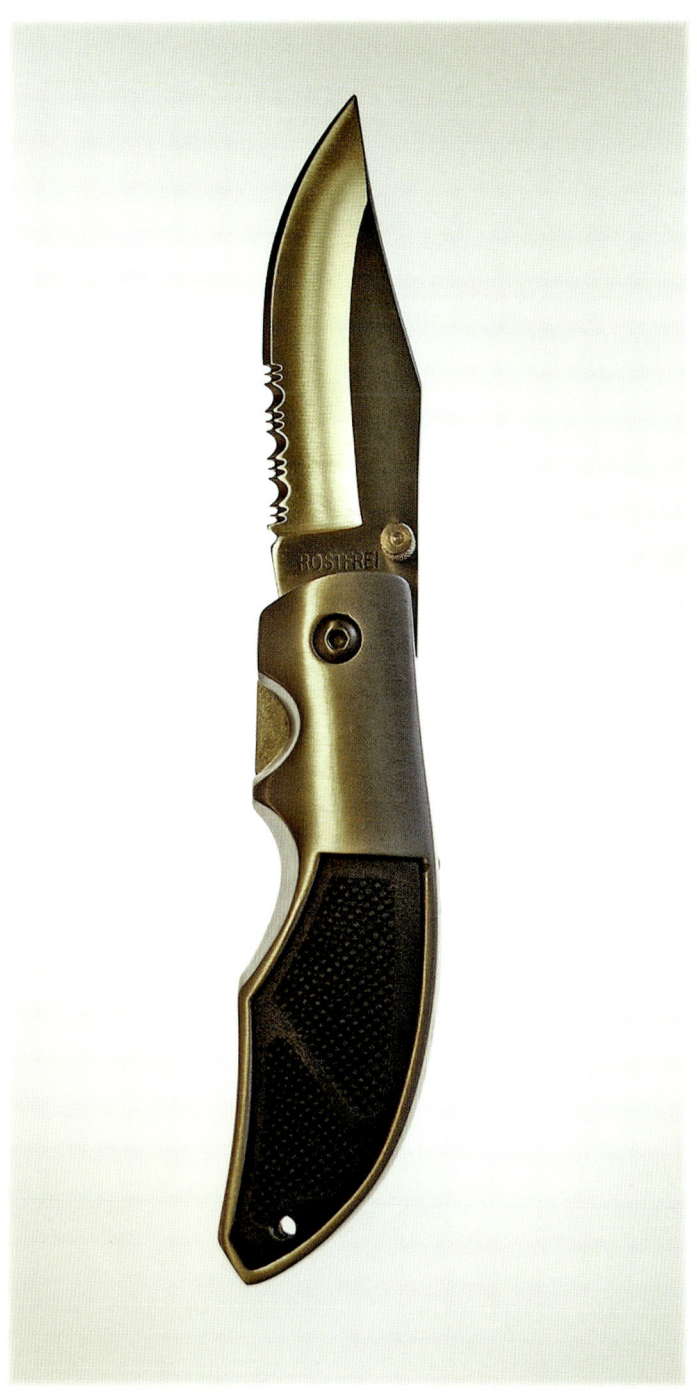

An Jesu Hand ins Land der Riesen

Mit dir, an deiner Hand,
geh ich ins Land der Riesen.

Auch wenn es finster werden wird
und kalt.
Und sie mich fragen:
„Wo ist er nun, dein Gott, dein Halt?"

So antworte ich ungebeugt:

Mit ihm, an seiner Hand,
geh ich durchs Land der Riesen.

Mit ihm, an seiner Hand,
komm ich ins Land
wo Milch und Honig fließen.

Die Akazie mit der Dornenkrone

hat es den Löwen
nicht nachgetragen,

als sie so winzig
wie ein Grashalm war
und unter ihren Pranken
umgebogen niederlag.

Sie ließ sich nicht beirren
in ihrem Wachstum,
ihrer Freundlichkeit.

Und immer hielt sie ihre Arme
weit und helfend tiefgebogen.

bis hin zu jenen Tagen,
an denen andere Löwen
unter ihrem Schatten lagen.

Der Mensch, ein Samenkorn göttlicher Dimension

Noch ist mein Geist verwachsen
im verwelkenden Fleisch.

Doch wird er sich ablösen
wie ein Keimling
aus der faltigen Schale.

Er wird seine Hülle sprengen
und abstoßen zu seiner Zeit.

Seine saftigen Triebe entfalten,
sich ausbreiten
und angstfrei wachsen,
ewig und weit.

Nur ich hab so gefühlt

Von Gott verlassen
hab ich mich gefühlt.
Doch er war da,
in aller Ruhe neben mir.

Nur ich war aufgewühlt.
Nur ich hab so gefühlt.
In alter, längst vergebener
Schuld gewühlt.

Schatten meiner Freude

Meine Sorgen entstellen mein Leben.
Bremsen mich – behindern mich.

Wart, lass mich zu Jesus gehen.
Er ist mein Licht.

Dann mach ich's hell bei mir
und kann erkennen:
Die Sorgen sind ja nur
die Schatten meiner Freude
und sonst nichts.

Typisch Gott

Ich freue mich, dass Gott nicht denkt wie Menschen,
bei denen nur der Reichste und der Stärkste zählt.

Und das ist typisch Gott.

Er, der den Schwachen Kräfte gibt.

Denn schon zu Zeiten Davids schenkte er dem kleinen Mann den Sieg.

So schickte er uns Jesus,
den „unscheinbaren" König;
vollkommen, ohne Prunk und Protz,
der selbst die Krankheit und den Tod besiegt.

Und das ist typisch Gott,
er, der den Schwachen Kräfte gibt.

Deswegen freu' ich mich schon jetzt
in meinem Unvermögen,
dass ich nicht erst im Himmel,
sondern auch schon auf der Erde
gewinnen werde.

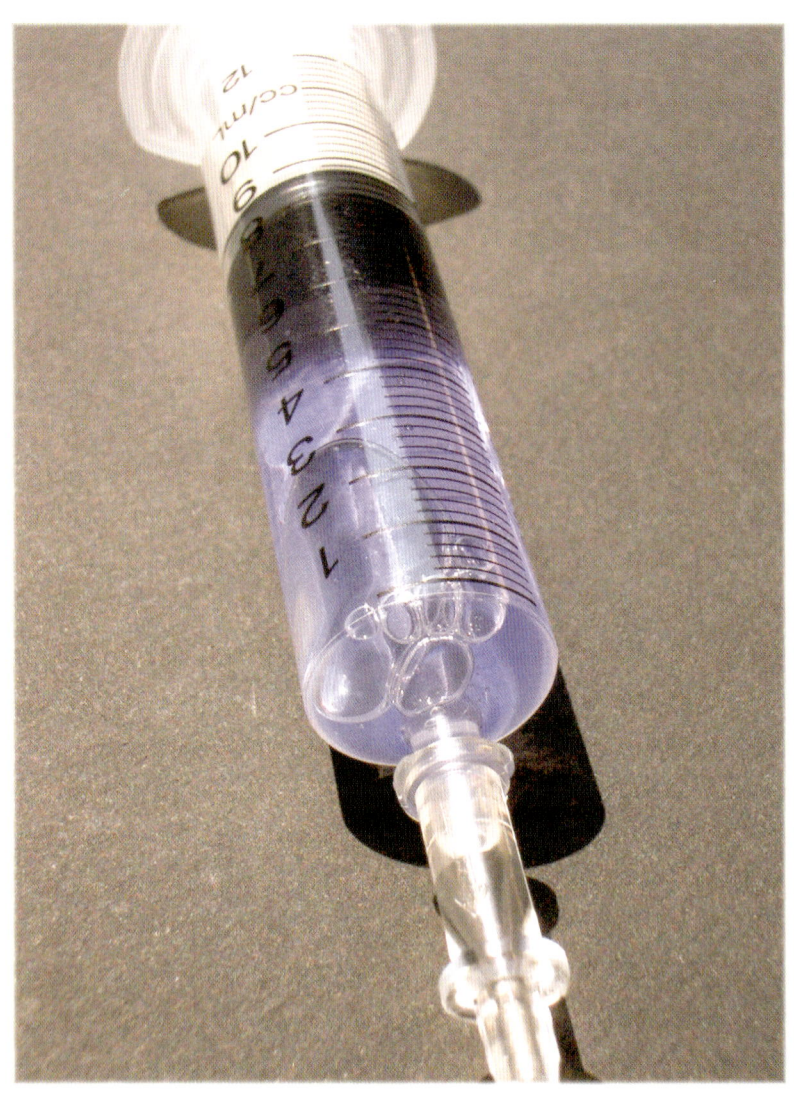

Impfung

Ich will mich nicht
ins Ungewisse sterben lassen.

Wo es seit langem doch
das beste Gegenmittel gibt,
mit Jesus.

Er hat den Tod für uns ermordet,
bewiesen mit dem Auferstehen.

Ich hab ihn eingenommen in die Seele
wie kostbarste Arznei.
Ich bin geimpft
und glaube an die Wirkung.

Jetzt hat der Tod bei mir
in alle Ewigkeit verspielt.

Gottvertrauen ist ein Adler

Die Angst ist eine misstrauische Henne.
Sie bleibt am Boden,
ihre Flügel taugen nicht zum Fliegen.
So nistet sie im schattigen Gebüsch
und hört nicht auf, in ihrem Argwohn,
sich und anderen
die Lebensfreude zu vermiesen.

Aber Gottvertrauen, der verwegene Adler,
verlässt im Sturzflug sein erhöhtes Nest.
Lässt sich geradezu in seine Freiheit segeln.
Er breitet seine Schwingen weit
und wird doch nie enttäuscht,
weil ihn die Himmel tragen
allezeit.

Zuerst gewählt

Gott sei Dank,
hat Gott mich schon gewählt.

Gott sei Dank, ist es bei Gott nicht
wie im Schulsportunterricht.

Wenn mein Herz ein Kissen braucht

Herr Jesus, schenke mir
ein weiches Kissen
für mein schweres,
wundes Herz.

Und bette es
und decke es
mit deiner
Liebe
sachte zu.

Und lass es schlafen
und vergessen,
was immer ihm
auch stiehlt die Ruh.

Die Erbs

 sie freut sich vor dem Spiegel:
„Was bin ich prall und glatt!"

Doch mit dem Jahre
verlässt die Spannkraft
ihre Schale.

Und was sie sieht, das hat sie gründlich satt.

So geht sie zum Chirurgen: „Komm, straff mich,
zieh mich glatt!"

Der schnippelt, weil, es ist so Mode,
an ihrer Hülle hier und dort.

Bald ist die ganze Schale fort.

Am Ende ist die Erbs des Todes.

Man legt sie in die Erd hinein.
Nun könnte man ja hoffen,
auf den neuen Keim.

Doch starb der Kern,
er lag ja offen,
ohne Schale,
für ihre Schönheit.

Ach, wie schade.

Merry  -mas

Wenn wir an Jesus glauben,
lebt das Gottes-Gen in uns.

Dann siehst du dich in Jesus
in der Krippe liegen.

Dann haben sie dich in ihm
verachtet und bespuckt.

Dann haben sie dich in ihm
ausgepeitscht und gekreuzigt.

Dann bist du in ihm der Sünde
und der Welt abgestorben.

Dann hast du in ihm den Tod besiegt.

Dann bist du in ihm
auferstanden.

Dann hast du in ihm
das ewige Leben erworben.

Dann hast du im Leben
überhaupt nichts verpasst.

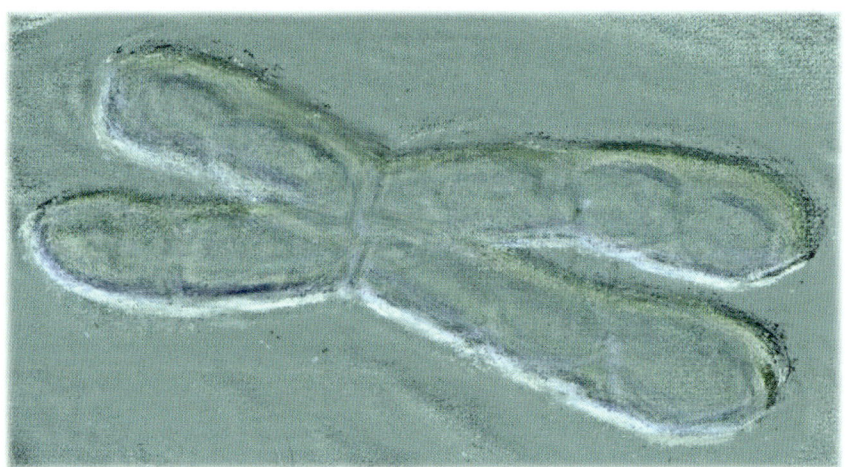

Fliegender Dank

Mein Gott,
ich bin dir dankbar
für mein Kind.

Ich höre diese zarte Stimme
friedlich spielend
aus dem Kinderzimmer.

Ich höre sie auch draußen
auf der Schaukel
wie sie mit Jubel
zu den Wolken schwingt.

Und immer wieder Anlauf,
auf!
zum Himmel nimmt.

Mein Herz fliegt voller Freude mit.

Vorsätzlich im Himmel

Ich bin vorsätzlich gerettet,
weil ich vorsätzlich
an Jesus glaube,
der sich vorsätzlich
hat kreuzigen lassen,
für mich – für dich.

Deshalb komme ich auch vorsätzlich in den Himmel.

Unverkrampft

Geistig behinderte Menschen
zeigen uns
ihr Lachen aus vollem Halse
ihr Weinen aus tiefstem Schmerz
bedingungsloses Lieben
unverkrampftes Dasein

wie behindert bin ich?

Herr der Elemente

Dein Wort steht über allen Ozeanwellen,
weht schneller, weiter als ein Hurricane
und lässt die Beben dieser Erde
wieder stille stehen.

Du bist das Wort, mein Jesus,
und selbst ein nuklearer Feuersturm
muss dir gehorsam sein.

Du hast das letzte Wort.
Und ich weiß ganz genau:
Du lässt uns nicht zuschanden werden,
solange wir auf dich vertrauen.

Funkenflut

Gott,
Schöpfer,
Vater aller Künste
und kreativen Schaffens.
Kunst, Gottesbeweis
in uns Menschen.

Als gleißende Funkenflut,
herabfließend vom Himmel,
durchströmt sie den Menschen
feuerwerksgleich.
Wird weltlich erkennbar
durch Bewegung, Lippen und Hände.

Bezaubert, verzaubert.
Kostbare Tropfen von überfließender Kraft
zur Erde gesandt.

Auch wenn die Zeit erwachsen wird...

Früher

opferten die Menschen

ihre Geschmeide

und gossen ein goldenes Kalb.

Sie umtanzten es,

verehrten es

und gerieten in Ekstase.

Unzivilisiert?

…ändert sich nichts

Heute

ist das Kalb erwachsen
und es steht auf der Wallstreet,
vor dem Tempel der Aktien.
Der bronzene Stier.

Sie opfern ihm ihre Habe.
Und sie umtanzen ihn,
verehren ihn

und geraten
noch immer in Ekstase.

Der aufgeklärte Mensch

leugnet die Existenz des Bösen.

Er steht vor dem Rachen Satans,
hält sich die Augen zu und spricht:

Ich sehe ihn nicht.

Virtuell

Solange unsere Festplatte
nicht mit dem Zentralrechner Gottes
in Verbindung steht,
bleibt unser Leben beschränkt auf
einen virtuellen, toten Bildschirm.

Morgenrot im Industriegebiet

Pink-rot-orange
schiebt sich die Glühende empor,
am purpur, lila Streifenfirmament.
Und feine, schwarze Vogelsilhouetten
so mühelos beschwingt davor.

Der Himmel protzt
mit seiner Inszenierung,
ganz ohne Logenplatz und Gage.

Dagegen blass aus Fenstern
fahler, rationaler Bauten
das Neonlicht sich gleichsam schämt.

Wie scheint mir Fortschritt und Moderne
indes so hilflos und vergrämt.

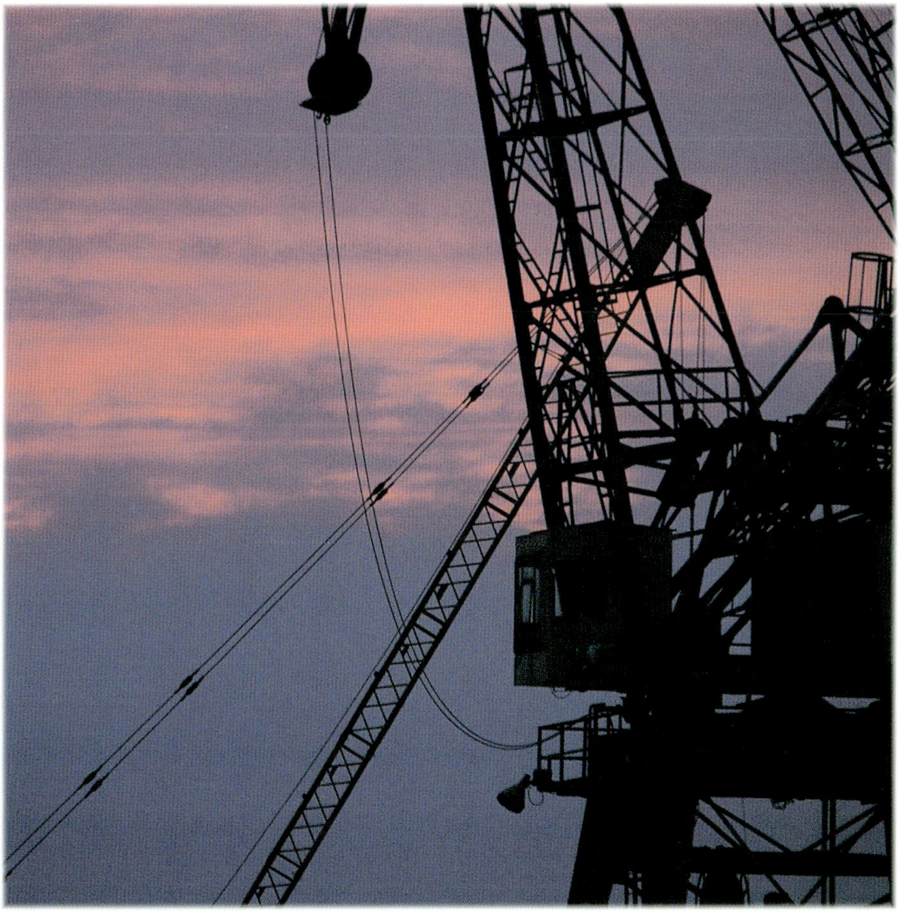

Gott geizt nicht

weder mit Farben
noch Licht

nicht einmal in der Meerestiefe
in ewigem Dunkel

denn auch dort gibt es Geschöpfe
die leuchten
mit farbiger Pracht
in Phosphor und Neon

nur Las Vegas bei Nacht?
das wär doch gelacht

43

Piercing

Es ist gut, kein Tier zu sein,
mit Peilsendern gespickt
oder Kapseln im Bauch.
Mit hinderlichem Halsband
und was sonst noch.
Verfolgt auf jeden Schritt
von oftmals angeblich Gelehrten,
die legitim Geschöpfe quälen
im Namen irgend eines Studiums.

Noch ist es gut, ein Mensch zu sein
und selbst die Piercings auszuwählen.
Wer weiß,
vielleicht bereits in unseren Tagen,
werden auch wir gezwungen sein,
eingepflanzte Mikrochips zu tragen.

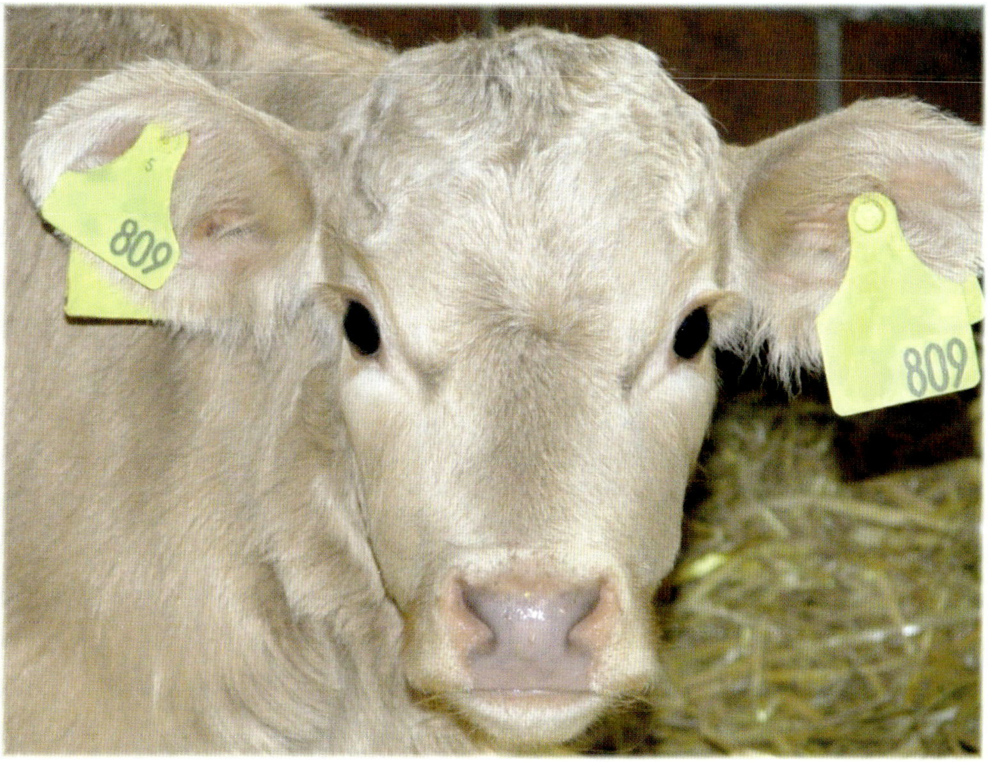
809
809

Das Geschenk

Wenn ich dir einen Globus schenke,
und auch, wenn du ihn schon
am selben Tag zerstörst,
dann fordere ich nichts zurück von dir.
Und mische mich nicht ein,
was du mit meiner Gabe tust.

Es sei denn, du würdest mich bitten.
Dann würde ich dir gerne helfen
ihn zu kitten.

Nur,
tu nicht so,
als wär das Ding von selbst entstanden,
als wär es kein Geschenk von mir.

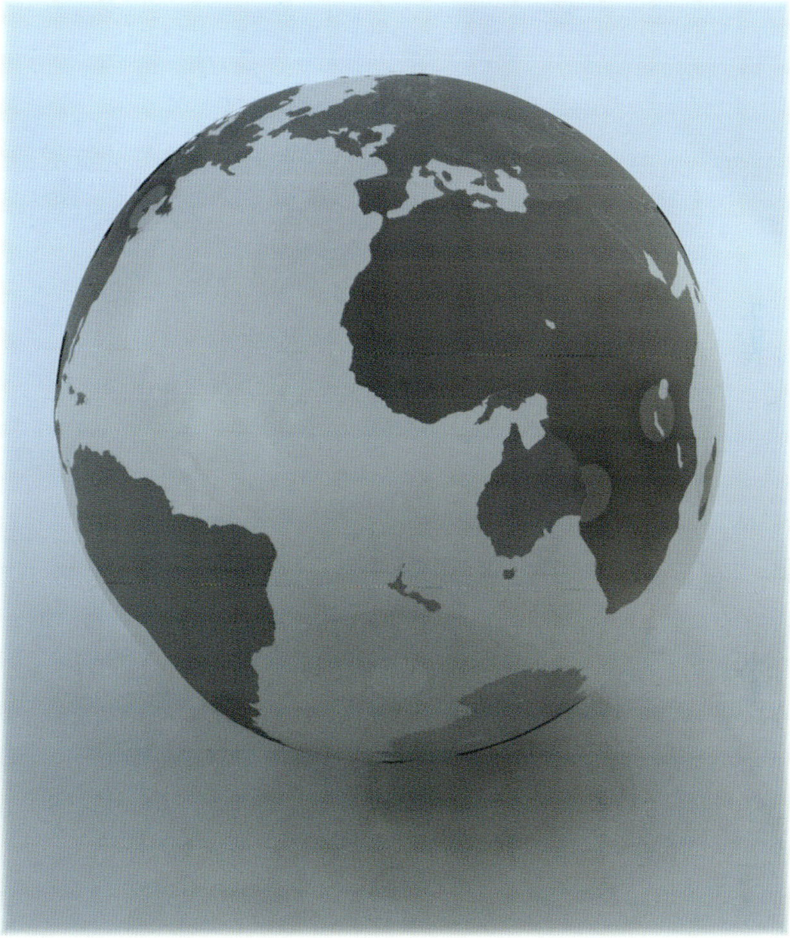

Am 6. Tag

Gott segnete die Menschen und sprach:

Seid fruchtbar
und mehrt euch
und füllt die Erde
und macht sie euch
untertan;

herrscht über die Fische des Meeres
und über die Vögel des Himmels
und über alle Tiere,
die sich auf der Erde regen!

(1. Mose 1, 28)

Der Mensch hat sich vermehrt

und hat die Erde mit Grauen regiert.
Er hat sie ober- wie unterirdisch massakriert.
Mit Atomtests verseucht und geschüttelt.
Das Meer verpestet und Fische vergiftet.
Wale, Delfine entfliehen an Land.

Sie halten es im Ozean nicht mehr aus.
Und der Himmel hat Raketenlöcher,
für Vögel kein Zuhaus.

Siehe, ich mache alles neu (Jesaja 65,17)

Ich glaube und vertraue darauf,
dass Gott,
wie er es in seinem Wort verspricht,
Himmel und Erde neu machen wird.

Ich bin voller Zuversicht, dass er es tut,
wenn auch der letzte Mensch
begriffen hat: Es geht nicht ohne Gott.

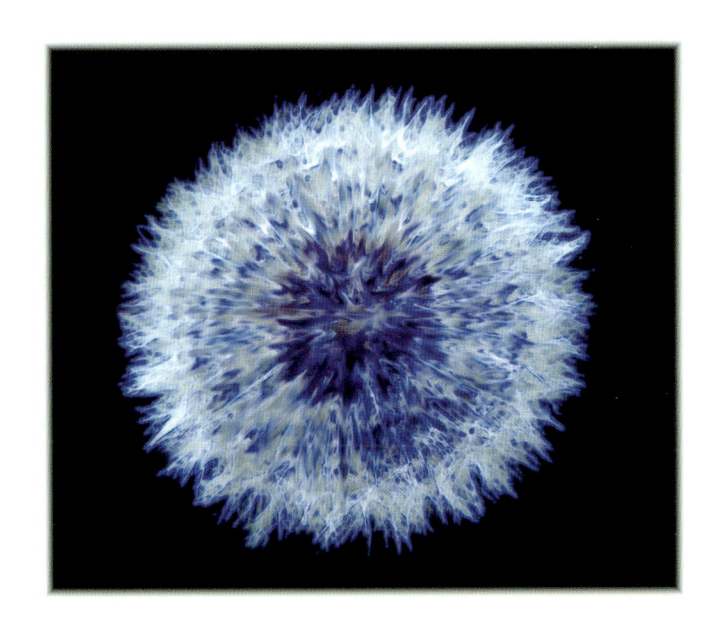

Evolution

Ich glaube nicht,
dass sich der Mensch
aus niederen Organismen
entwickelt hat.

Aber ich sehe,
dass er ohne Gott
zu niederen Organismen
degeneriert.

Zwielicht (Jesaja 54, 15)

Wir sollten sehen lernen:
Was uns an Dunkelheit geschieht,
kommt nicht vom Licht,
kommt nicht von Gott.

Wir sollten verstehen lernen:
Wenn wir uns abwenden von Ihm,
entbehren wir seinen Schutz.

Wir sollten begreifen lernen:
Die Dunkelheit kämpft
mehr denn je
um unsere Seelen,
den längst verlorenen Kampf.
Und freut sich über alle,
die es noch nicht wissen.

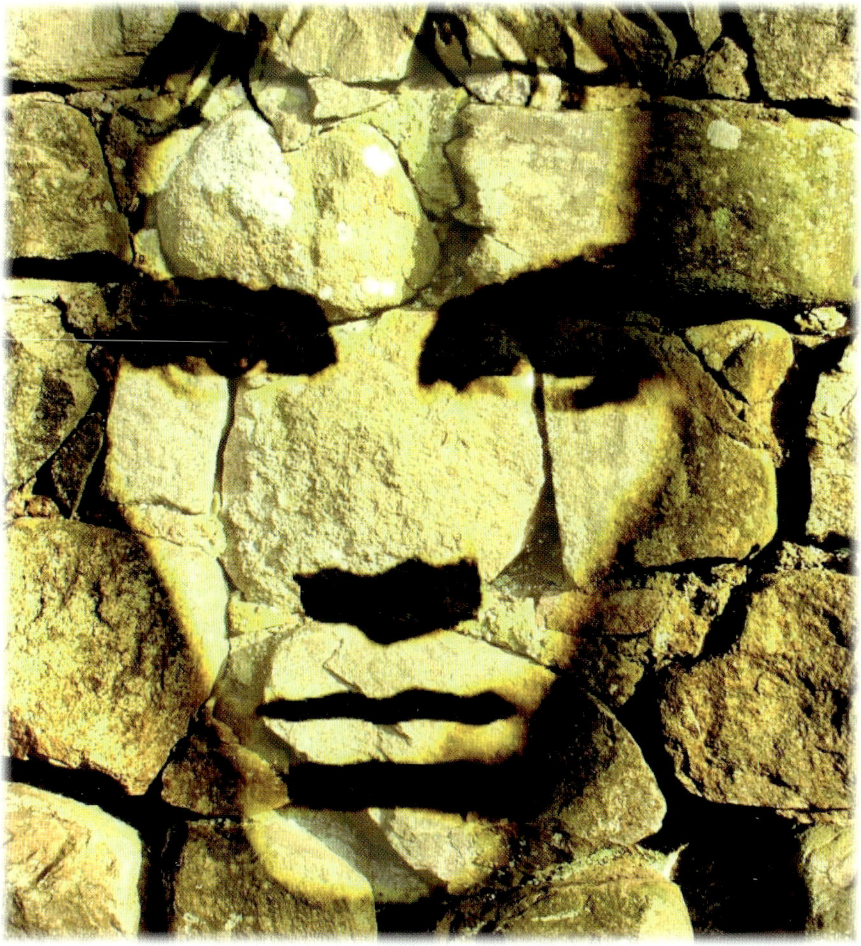

Demonstrationen

Kerzenlicht – betende Menschen

Hände fassen sich
zu einer Kette
Väter tragen Kinder
mit bunten Luftballons
auf ihren Schultern

ihre Stimmen
wünschen sich
Shalom

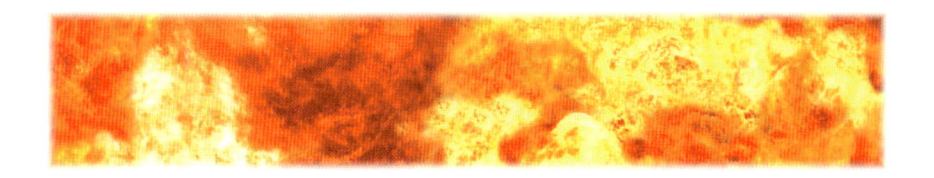

und anderswo

mit massakrierten Puppen lichterloh

hysterisch hasserfüllte Leute

geballte Fäuste rotten sich zusammen

Väter die ihren Kindern

Sprengstoffgürtel umbinden

ihre Stimmen rufen auf zum Krieg

doch wer wird wohl zuerst gehört?

Gewalt wird honoriert

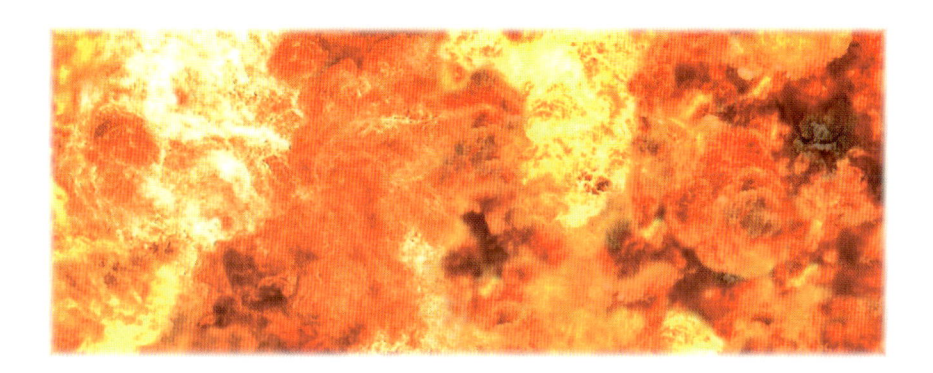

Mobbing, Kind des Terrors

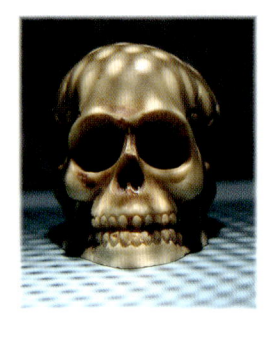

Gelöschte Datensätze

manipulierte Arbeitsplätze

Fratzen im Rücken

gedemütigte Menschen

psychisch und körperlich gefoltert

Seelen die bluten vor Angst

kleine Attentate täglich

nicht minder tödlich

                schon auf kurze Sicht

                schleichend wie Gift

schlaflose Nächte

Sorgen und Ängste

todbringende Krankheit

zerstörte Existenz

                durchdacht

                geplant

                und ausgeführt

Mord

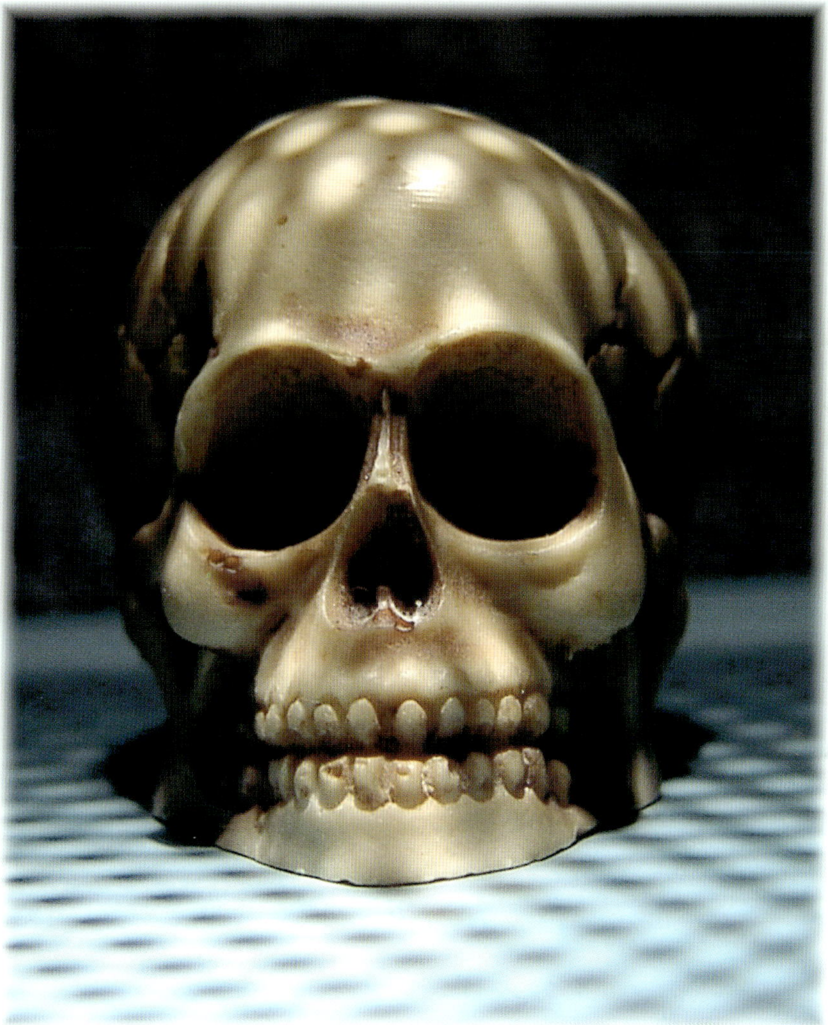

Holocaust der Babys

Wären wir Gott
wir hätten täglich vor Augen
den gewaltigen Berg toten Fleisches
der ermordeten Babys

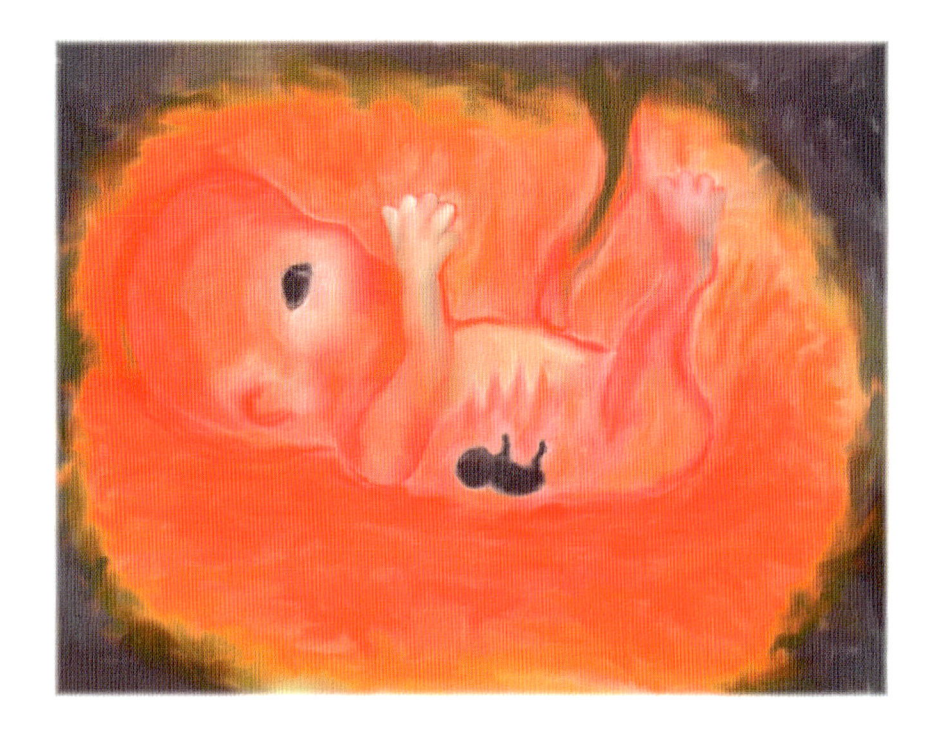

zerstückelt
abgesaugt
entfernt   ihrem Lebensziel beraubt

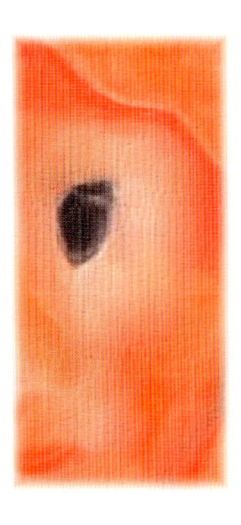

im Müll liegen tausende
winziger Schädel
noch warm
vom Blut der „Mütter"
tote anklagende Augen
unter durchscheinenden
Lidern

Ärmchen und Beinchen verkrampft
kleine Finger im Todeskampf
zerschunden zarteste Haut
voller offener Wunden

menschliches Leben
Gottes Geschenk
mit Füßen getreten

dem Moloch Egoismus geopfert
wie grausam: Mein Bauch gehört mir

Wenn Kinder sterben

Ich glaube,
dass sie Gott schon vorher holt:

Die kleinen, zarten Seelen.

Es sieht ihm ähnlich,
meinem Jesus,
dem Freund der Kinder
und dem Menschenretter.

Dass er sie vor dem Sterben schon
aus ihren Körpern nimmt
und zu sich bringt,
auf seine grünen Himmelswiesen.

In seinen Armen schützend birgt
mit überfließend
fürsorglicher Liebe.

In Jesu Glauben ist es uns versprochen:
Es ist kein Abschied ohne Wiedersehen.

Wir treffen sie im Himmel wieder.
Und niemand nimmt sie uns
in aller Ewigkeit mehr fort.

Umkehrschub

Eine der größten Veränderungen,
die Jesus in Menschen erwirken kann,
ist die Feindesliebe.

In vergleichbarer Weise
wie die Richtungsänderung
bei der Schifffahrt vor sich geht:

Aus voller Kraft voraus
nimmt er den Antrieb weg.
Lässt zunächst sachte weitertreiben
bis zum Stillstand.
Um dann behutsam Fahrt zu nehmen
in die umgekehrte Richtung.

Ganz ohne Kollision.

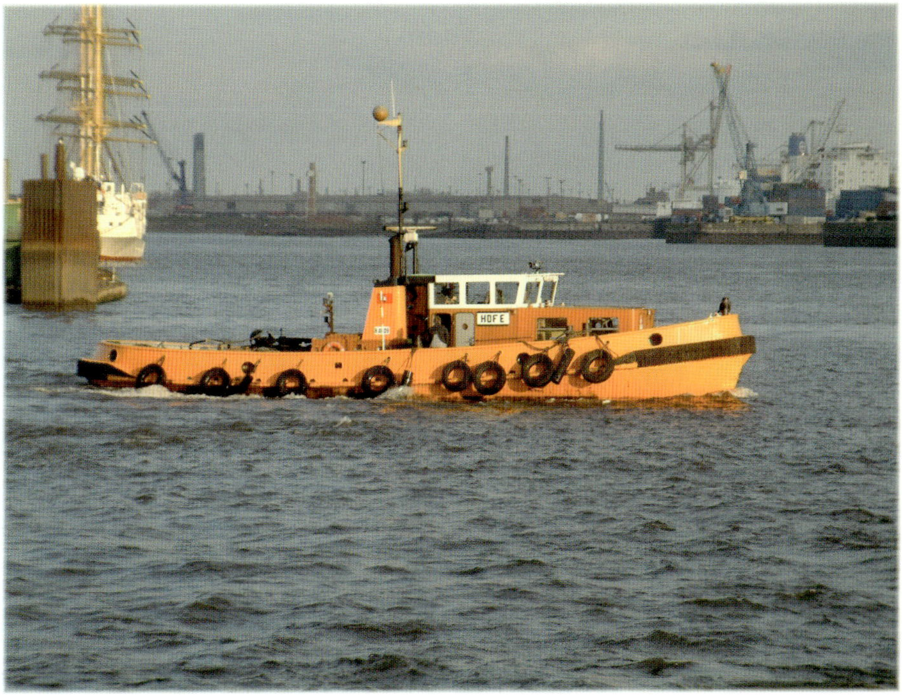
HOFE

Bildnachweise:

Seite	Bezeichnung	Quelle
Cover	Wasserfall in Millford Neuseeland	Pix /Marco Oetterli
2	Frau am Brunnen, Ghana	Evang. Karmelmission Schorndorf
5	Blaue Lichter	Pix/Stefan Willuda
6	Lockknife	Pix/magicpen
8	Wasserfall in Millford Neuseeland	Pix/Marco Oetterli
10	Bäumchen	Pix/Dieter Wendelken
11	schlafende Löwin	Pix/Andrea
13	Julia Naemis Hand	Sonja Winzer
14	Schwan mit Jungen	Pix/Karin Jähne
15	Sonnenaufgang Eilat/Israel	Sonja Winzer
16	Alter Mann	Pix/Klaus Rupp
18	Spritze	Pix/Jens Goetzke
21	Adler	Pix/Hans-Jürgen Steglich
22	Julia Naemi /Biotop Steinbruch Dagersheim	Sonja Winzer
23	Blue Heart	Pix/Bambola
24/25	Erbsenband und Spiegel	Sonja Winzer
26/27	Chromosom Gemälde (bildbearbeitet)	Julia Naemi Winzer
29	Anna Buschbeck auf der Schaukel	Sonja Winzer
30	Wolken über Dagersheim	Sonja Winzer
31	Admiral	Pix/Verena N.
32	Brandung	Pix/Barbara-Sofie
34/35	Feuerwerk	Pix/Lyllia
36	Börsenstier	Michael Fromm
38	Haigebissmotiv/Gemälde (bildbearbeitet)	Pix/ro18ger/Sonja Winzer
39	Festplattenmakroaufnahme	Pix/freni
41	Morgenrot im Hafen Stralsund	Pix/gunhro
43	Qualle von blauem Licht angestrahlt	Pix/cyborg80
45	Kalb	Pix/Schemmi
47/48	Weltkugelball	Pix/derhueby/pc hansien
49	Delfin	Sonja Winzer
50	Kraftwerk	Pix/Karin Jähne
51	Pusteblume blau bildbearbeitet	Pix/Jens Goetzke Sonja Winzer
53	Gesicht auf der Mauer	Pix/endymiller
54/55	Kerze (JenaFoto24)/Flammeninferno	Pix/Stefan Lochmann
56/57	Steinschädelmakroaufnahme	Pix/C. Grahms
58/59	Embryogemälde bildbearbeitet	Julia Naemi Winzer
61	Sonnenaufgang in Dagersheim	Sonja Winzer
63	Schlepper Hamburger Hafen	Pix/dette
Cover	Holzkreuz	Pix/Harald Gebel

Pix = PixelQuelle.de